Cuatro Tipos de SANCTIFICACIÓN

Apostol William H. Bingham

Cuatro Tipos de SANTIFICACIÓN

Apóstol William H. Bingham

Cuatro Tipos de Santificación

Derechos de autor © 2023 por el Apóstol William H. Bingham

Libro ISBN: 978-1-63812-701-7
Edición Electrónica ISBN: 978-1-63812-699-7

Reservados todos los derechos. Queda prohibida la producción y transmisión total o parcial de este libro, por cualquier forma o medio, electrónico o mecánico, incluidos el fotocopiado, la grabación o cualquier sistema de almacenamiento y recuperación de información, sin la autorización por escrito del propietario de los derechos de autor.

Las opiniones expresadas en esta obra son únicamente las del autor y no reflejan necesariamente los puntos de vista del editor, que por la presente declina toda responsabilidad al respecto.

Publicado por Pen Culture Solutions 05/23/2023

Pen Culture Solutions
1-888-727-7204 (USA)
1-800-950-458 (Australia)
support@penculturesolutions.com

Contenido

Agradecimientos
Prólogo
Introducción
Capitulo 1   Santificación Primaria
Capitulo 2   Santificación Posicional
Capitulo 3   Santificación Práctica
Capitulo 4   Santificación Prospectiva
Referecias
Acerca del Autor

La santificación consiste en establecer perpetuamente
en la conciencia y seguir los Escritos del Evangelio

> Apóstol William H. Bingham
> 2016

La Fe salvadora es la relación inmediata con Cristo, aceptándolo, recibiéndolo, descansando sólo en Él, para la justificación, la santificación y la vida eterna en virtud de la gracia de Dios.[1]
Charles Spurgeon

Agradecimientos

El agradecimiento va a Dios en primer lugar. A mi Padre y Madre Ruben y Mittie Bingham que descansan con Jesús, ellos me enseñaron los principios de Dios. Mi esposa Ella Marie Bingham por 34 años de matrimonio, ella me inspira y motiva constantemente a seguir el camino correcto. Te amo mucho cariño. Un agradecimiento especial a la Hermana Debra Townsend y a Martinise Bingham por ayudarme con este proyecto. Y por último, pero no menos importante, a mi familia de la Iglesia Perpetual Life, por sus oraciones y su apoyo. A todos mis hijos: DeJuan, Joseph, Christel, Rodney, Angela, Terry, Hershel y Harrold. Al Apóstol Skip y Alecia Horton muchas gracias por sus excelentes enseñanzas que, impartieron a nuestro ministerio. Gracias a mi hermano mayor Doctor Joe Cephus Bingham Sr., por su aporte y horas de trabajo.

Prólogo

Los escritores del Antiguo Testamento utilizan SANTIFICAR en varias formas en ciento seis ocasiones. No obstante, el Evangelio habla de santificación en treintiún ocasiones distintas. El mensaje indica consagración en ambos Libros. En palabras de un profano, consagrar es el nacimiento de preparar o la condición de disponer de antemano. Por lo tanto, esta definición muestra la clasificación en asuntos de posición y relación ante Dios, y la injusticia. El apóstol Bingham está expresando una interpretación general de la salvación. Una explicación más específica será dada más adelante.

El término santidad, en diversas formas, aparece más de cuatrocientas veces en el Antiguo Testamento y doce en los Evangelios. El hecho de que se mencione menos en la Nueva Alianza no tiene ningún significado, porque la devoción y la rectitud conllevan la misma idea que la SANTIFICACIÓN. Dios en el Cuerpo de Jesucristo es Divino, inofensivo, sin mancha y separado de la maldad. En consecuencia, Su naturaleza fundamental es la santificación justa. Aunque, es importante entender que cada vez que *Santo* y *Santificado* aparecen en la Biblia no sugiere la condición de santo.

Por ejemplo, los Patriarcas, Profetas y sus genealogías a menudo hablan de Israel como santos. En muchas ocasiones, la Biblia explica la santidad como meras características humanas, pero Dios relegó la condición de santo a la posición de los cristianos en cuanto a cómo lo entienden a ÉL. Por lo tanto, los pecadores nunca son asociados con la rectitud y la calidad de vida que disfruta el pueblo de Jehová. El mundo secular utiliza la palabra santo para complementar la buena conducta del pueblo, pero los halagos dictan la aceptación del personaje. Cuando los modales contradicen su recta moral, la santidad se reduce a hipocresía.

Por lo tanto, la santidad justa no depende de la progresión humana. Toda persona nacida de nuevo es un alma Glorificada en el momento en que acepta a Jesús. Estudia Juan Capitulo 3. Entonces, toda la Iglesia de DIOS, (ES) EL CUERPO DE CRISTO, El los llama, y los separa por lo tanto ellos son los santos de esta dispensación. Al usar la palabra santificado en conjunto con justicia, la expresión de entrega a Jehová es inevitable. Sin embargo, debido a que muchos seguidores no conocen su posición en EL SEÑOR, ellos no creen que son santos.

El nombre santo triunfa sobre todos los títulos en la Biblia excepto uno:

- Hermanos 184
- Santos 62
- Cristianos 3

Los Medios de Santificación

Dios nos muestra el principal método de santificación a lo largo de toda la Biblia. *Santifícalos en tu verdad: tu palabra es verdad.*[2] Juan 17:17. Después de la aceptación de la santidad, El Autor de Las Escrituras otorga una herencia a cada alma santificada. Vea Hechos 20: 32. La consagración es como la semilla. La vida de la planta está en el grano. La vida recta está en Jesucristo. El que acepta el Evangelio en su corazón recibe la Personalidad del Principio y el Fin. Juan 1: 11-12.

Así pues, la santificación es el medio para compartir la Palabra. Cuando los santos dan testimonio de la justicia,

El Intercesor se encuentra presente, pero la santidad infinita del Padre y del Hijo son uno con el individuo. ELLOS clasifican, separan y apartan las faltas de los creyentes. El Todopoderoso tiene el poder de sancionar la santidad porque EL es Divino. Jesucristo es el Espíritu Santo y AMBOS están en JEHOVÁ. Estudia Juan 10: 30, 17: 21. En ÉL o (TRIAD ELLOS)

Los cristianos tienen su ser y santificación. Estudia Hechos 17: 28. Por favor estudie las Escrituras de abajo para conseguir un entendimiento más completo.

El Dios Trino santifica

Y esto erais algunos de vosotros; pero fuisteis lavados, pero fuisteis santificados, pero fuisteis justificados en el nombre del Señor Jesucristo y en el Espíritu de nuestro Dios.[3]

El Padre Santifica

1 Corintios 6:11

Y el mismo Dios de paz os santifique por completo; y todo vuestro ser, espíritu, alma y cuerpo, sea guardado irreprensible para la venida de nuestro Señor Jesucristo[4].

1 Tesalonicenses 5:23

El Hijo Santifica

para santificarla, habiéndola purificado por el lavamiento del agua con la palabra[5]

Efesios 5:26

Porque tanto el que santifica como los que son santificados, son todos de un Padre; por lo cual Él no se avergüenza de llamarlos hermanos[6]

Hebreos 2:11

Diciendo: Anunciaré tu nombre a mis hermanos, en medio de la congregación te cantaré himnos.[7]

Hebreos 2:12

Así que, por cuanto los hijos participan de carne y sangre[a], Él igualmente participó también de lo mismo, para anular mediante la muerte el poder de aquel que tenía el poder de la muerte, es decir, el diablo[8]

Hebreos 2:14 (LBLA)

El Espíritu santifica

[16] para ser ministro de Cristo Jesús a los gentiles, ministrando a manera de sacerdote el evangelio de Dios, a fin de que la ofrenda que hago de los gentiles sea aceptable, santificada por el Espíritu Santo.[9]

Romanos 15:16 (LBLA)

[13] Pero nosotros siempre tenemos que dar gracias a Dios por vosotros, hermanos amados por el Señor, porque Dios os ha escogido desde el principio para salvación mediante la santificación por el Espíritu y la fe en la verdad.[10]

2 Tesalonicenses 2:13 (LBLA)

Dios Padre santificó al Hijo

36 ¿a quién el Padre santificó y envió al mundo, vosotros decís: Blasfemas, porque dije: Yo soy el Hijo de Dios?[11] Juan 10:36 (LBLA)

Dios santificó al sacerdote y al pueblo de Israel

Exodus 29:44

La santificación es la voluntad de Jehová

³ Porque esta es la voluntad de Dios: vuestra santificación; es decir, que os abstengáis de inmoralidad sexual[12]

1 Tesalonicenses 4:3

La Santificación de los Santos de Dios Es Santa Por Su Unión con Cristo

a la iglesia de Dios que está en Corinto, a los que han sido santificados en Cristo Jesús, llamados a ser santos, con todos los que en cualquier parte invocan el nombre de nuestro Señor Jesucristo, Señor de ellos y nuestro[13]

1 Corintios 1:2

- 1 Corintios 1:30
- Juan 17:17
- 1 Timoteo 4:5
- Hebreos 9:13
- Hebreos 13:12
- Hebreos 10:10
- 1 Pedro 1:2
- Hebreos 12:14
- 2 Timoteo 2: 21-22
- Hechos 26:18

Escrituras de santificación

Las Escrituras mencionadas no son exhaustivas a la hora de demostrar la santificación. No obstante, muestran una clara visión del favor de Dios. Entonces cualquiera puede ver que la consagracion y santidad tiene su raiz en el significado de justicia. Eso incluye lugares o edificios cuando son apartados para los propósitos del SEÑOR. La santificación del Antiguo Testamento tuvo su connotación en apartar el Tabernáculo como un lugar santificado de adoración. Éxodo 3: 5, Josué 5: 15. El Sacerdote bendecía los objetos en la Tienda para propósitos devocionales. Cuando una persona es Santa; su disposición moral siempre se transforma hacia la rectitud. Cuando existen cualidades justas, la limpieza y la purificación son un prerrequisito.

Introducción

El término griego para santificación es Hagiazo, y significa apartar. Por lo tanto, los Cristianos deben ser Santos al servicio de Dios. La santificación del creyente es hecha por la verdad de Su Palabra. Conforme ellos, estudian y practican la justicia EL SEÑOR consagra a los creyentes. A medida que las Sagradas Escrituras, saturan a los seguidores, su naturaleza se ve, y actúa como Jesucristo.

Así que ellos entienden cómo él o ella debe vivir y prosperar por la fe. 3 Juan 1: 2. A medida que él o ella vive para Cristo, sus almas santificadas también presentarán nuevos y emocionantes problemas para ellos. En los momentos difíciles, Jehová les enseña cómo ajustarse a la imagen de Su Hijo. Sin embargo, una persona debe arrepentirse diariamente de sus pecados para que la santificacion gobierne su espiritu innato. Por eso, es fundamental comprender las cuatro etapas de la santificación.

Santificación significa que Dios está obrando en la vida de los justos. Bajo el Antiguo Testamento, la sangre de animales era requerida para expiar el pecado. La Santificación es inválida a menos que sea bajo el pacto de la sangre derramada. Jesús derrama Su Preciosa Sangre para el perdón y la justificación de la humanidad. Así que, a medida que los creyentes evolucionan en una relación de pacto con Él, evolucionan a la santificación primaria a la santificación posicional y luego la santificación prospectiva sella su entendimiento.

El Apóstol Pedro dice: la santificación no es casualidad, de ahí que los cristianos son los elegidos de Dios desde la creación del mundo. 1 Pedro 1: 1-2. Cristo preserva a cada individuo en el Cuerpo de Cristo para uso justo. EL SEÑOR estableció la cuestión de la justicia para la humanidad en el consejo de santidad. Desde Adán hasta Abraham, Él mantuvo los principios divinos en forma de simiente humana. Por eso, los medios de acercamiento de los hombres a Él deben ser Santos. A todo el que se somete a Él, le revela Su propósito y plan para él. Jesús habló de sí mismo como un santificado en Juan 17: 19. Sus seguidores deben ser apartados del pecado. Por lo tanto, las personas que creen en El son reservadas para el uso de DIOS.

¿Alguna vez se te ha ocurrido que cien pianos afinados con el mismo diapasón se sintonizan automáticamente entre sí? Están de acuerdo al estar afinados, no entre sí, sino a otra norma a la que cada uno individualmente debe someterse. Así, cien fieles reunidos, cada uno mirando a Cristo, están en el fondo más cerca el uno del otro de lo que podrían estar, si fueran conscientes de "unidad" y apartaran sus ojos de Dios para esforzarse por tener una comunión más estrecha.[14]

A.W. Tozer, La Búsqueda de Dios

Capítulo 1

Santificación Primaria

La principal denotación de santificar es: Apartar recursos inanimados o animados destinados a una función específica por un creador. Así, por ejemplo, el zapatero santifica su calzado para proteger los pies. Proteger las extremidades es la razón principal de los zapatos. El carpintero construye y santifica casas para dar refugio a la familia. Proporcionar refugio de los elementos es su causa para construir. En el ámbito teológico, todo lo que se utiliza para el propósito de Jehová es Santo. *Y el uno al otro daba voces, diciendo: Santo, Santo, Santo, es el Señor de los ejércitos, llena está toda la tierra de su gloria.*[15] *Isaías 6: 3.* Nada comparte la Santidad con el Todopoderoso. Estudiemos Levítico 11: 44,
Mateo 5: 44, y 1 Pedro 1: 15-16.

Por lo tanto, la santificación primaria, une a los creyentes con Jesús bajo la protección del PADRE. Dios tuvo mucho cuidado en santificar a los Israelitas en la noche de su Pascua. Observe que Él les da instrucciones cruciales sobre cómo deben llevar a cabo su posición santificada sin desviaciones.

Y tomarán de la sangre, y la pondrán en los dos postes y en el dintel de las casas en que lo han de comer.[16]

Éxodo 12:7

Porque esa noche pasaré por la tierra de Egipto, y heriré a todo primogénito en la tierra de Egipto, tanto de hombre como de animal; y ejecutaré juicios contra todos los dioses de Egipto. Yo, el Señor.[17]

Éxodo 12:12

Y la sangre os será por señal en las casas donde estéis; y cuando yo vea la sangre pasaré sobre vosotros, y ninguna plaga vendrá sobre vosotros para destruiros[n] cuando yo hiera la tierra de Egipto.[18]

Éxodo 12:13 (LBLA)

El Israelita tenía que poner sangre de cordero de sacrificio sobre el umbral de su puerta y a cada lado. La sangre pura protegía su casa; por lo tanto, quien estuviera en la casa, israelitas o egipcios, tenía la consagración del SEÑOR sobre ellos. De este modo, la justicia los ocultaba del ángel de la muerte. La Dispensación de la Gracia llama a los pecadores a arrepentirse y aceptar la Sangre conciliadora de Jesús para limpiar sus pecados por toda la eternidad. Cada cristiano tiene el Plasma Vital del UNGIDO sobre los pilares de su vida después del arrepentimiento.

Jehová nombró al Apóstol Bingham padre y madre, por lo tanto como un niño bajo su techo, él era santo o santificado. La vivienda de sus padres era un lugar de devoción primordial, reservado para el culto. Aunque no había aceptado a Cristo como Salvador, estaba en un hogar santificado.

El Apóstol Bingham convivió con el pecador durante una temporada, pero nunca olvidó la preparación de su justo hogar. *Enseña al niño el camino en que debe anda, y aun cuando sea viejo no se apartará de él.*[19] Proverbios 22: 6. El hogar de sus padres consagrados fue su tutor para ponerlo en el camino correcto. Así, al llamado de Jesucristo, su innato espíritu se adheriría y se separaría del mundo. Él agradece a Dios, por la formación primaria del hogar santificado.

Tienes el fruto del espiritu dentro de ti, ya que cuando Cristo viene en ti todo lo que el es y tiene viene con el como semilla como semilla como semilla como semilla. Si podemos alguna vez entender esto podemos finalmente salir de nuestra confusión acerca de lo que la Biblia dice que tenemos en comparación con nuestra experiencia. Todo lo que la Biblia dice que tenemos lo tenemos. Como creyentes de Cristo está en nosotros, ¡pero viene como una SEMILLA! La Biblia llama a Cristo LA SEMILLA. Con "S" mayúscula. Así que me gusta decirlo de esta manera: Cuando Cristo entra por primera vez en tu vida, la semilla de todo lo que Dios es entra en tu espíritu. La Biblia nos dice que la imagen de Cristo esta plasmada en nosotros y que estamos destinados, tu tienes un destino, un destino de plasmarte en la imagen de Jesucristo. Tu destino y mi destino es salir al mundo y actuar como Jesús.[20]

Joyce Meyer

Capítulo 2

Santificación Posicional

a la iglesia de Dios que está en Corinto, a los que han sido santificados en Cristo Jesús, llamados a *ser santos*, con todos los que en cualquier parte invocan el nombre de nuestro Señor Jesucristo, Señor de ellos y nuestro.[21]

1 Corintios 1:2

Pablo se dirige a las problemáticas Iglesias de Corinto. Su ubicación geográfica era la capital de la provincia meridional de Acaya. Los romanos destruyeron esta metrópoli en el año 146 a.C., pero por su importante emplazamiento ecológico, la reconstruyeron más tarde, con Julio César, en el año 46 a.C. Cuando el Apóstol llegó a la floreciente ciudad, en el año 50 ó 52 d.C., la ciudad había crecido hasta tener una población de quinientos mil habitantes. En el punto más alto de la ciudad estaba el templo pagano de Afrodita, la diosa del amor. Miles de personas acudían allí para entregarse a las prostitutas y al culto de los ídolos.

La filosofía de Atenas tuvo influencia en la ciudad, pero nunca llegó a surgir como cultura intelectual. Los habitantes y turistas estaban demasiado ocupados ganando y gastando dinero como para teorizar académicamente. Muchas etnias se establecieron allí, ya que era el centro comercial de la región. Así que, a medida que los inmigrantes desempacaban sus maletas, también ellos desclausuraban a sus dioses paganos,

Corinto se convirtió en una ciudad abierta al mundo, con vicios paganos asociados a la población. Aunque, la ciudad era sociable ambiental para los viajeros, el comercio, y la adoración del politeísmo era para nada. Por lo tanto, hoy en día sólo quedan las ruinas de la ciudad y sus ídolos desaparecieron por completo. Pero la palabra que predicó el apóstol Pablo sigue en pie. *El cielo y la tierra pasarán, mas mis palabras no pasarán.*[22] *Mateo 24: 35.*

A pesar de su libre pensamiento escéptico acerca del Dios Desconocido; EL SEÑOR posicionó Su Iglesia allí. *Porque mientras pasaba y observaba los objetos de vuestra adoración, hallé también un altar con esta inscripción: AL DIOS DESCONOCIDO. Pues lo que vosotros adoráis sin conocer, eso os anuncio yo*[23] Estudiemos Hechos 17: 23. El Hijo Amado colocó a sus seguidores en Él para testificar a los pecadores, no para alejarlos. El Apóstol Pablo era un cristiano devoto, pero no siempre fue así. Antes de ser salvado, él persiguió la casa de Adoración y dio muerte a muchos cristianos. Cuando el SEÑOR se encontró con este Benjamita (Filipenses 3: 5) en el camino a Damasco (Hechos 9: 3-6) tomó una postura para proteger la Ley de los partidarios de Cristo.

La Luz inigualable del Redentor era tan brillante que el Apóstol cayó al suelo. Entonces el Ungido le preguntó una inquisitiva duda que se repite con todo pecador que acude a ÉL. ¿POR QUÉ ME PERSIGUES? Nótese que Pablo hizo una pregunta cuya respuesta sabía de antemano: ¿QUIÉN ERES TÚ, SEÑOR? El Creador de las Escrituras explica: Jesús de ahí este fariseo arrogante tembló con temor irreprochable y dijo: SEÑOR ¿qué quieres que haga? El Rey de Reyes le encomendó que fuera a la ciudad a recibir sus órdenes posicionales del Profeta Ananías.

Después de la Conversión de Pablo, desapareció en el desierto (Gálatas 1: 11-24) durante tres años donde el Consejero le instruyó sobre la vida, muerte y resurrección de Jesucristo. *Pero el Consolador, el Espíritu Santo, a quien el Padre enviará en mi nombre, Él os enseñará todas las cosas, y os recordará todo lo que os he dicho.*[24] Juan 14: 26. Él surge del desierto como Apóstol de la gracia. Deja su oficio de guardián de la Ley y escribe dos tercios del Nuevo Testamento. Pablo era humano como lo son todos los seres pero la pregunta es: ¿Se situaron todos los creyentes en su justo propósito?

Un creyente debe situarse en Cristo antes de asumir el ministerio de dar testimonio. Es cierto que el Creador de las Escrituras llama a los malvados de las tinieblas a la luz maravillosa y los sitúa en Él. Pero, para comprender su objetivo en su totalidad, es necesario que los santos pasen tiempo con el Todopoderoso. Por ejemplo, el Apóstol Bingham ejerció diferentes vocaciones: maestro de escuela, conductor de Greyhound Bus, pastelero y gerente de negocios para el personal. Necesitó mucha paciencia para llegar a dominar cada una de las habilidades mencionadas. Sin embargo, esas vocaciones no eran el propósito de su vida. Dios lo llamó como Apóstol, como una voz del desierto que clama las riquezas del Príncipe de la Paz a SUS pecadores elegidos. Aún se necesita mucha oración y ayuno para ser digno y estar en posición de llevar el mensaje del Apostolado.

El estudio superficial de Efesios 4: 11-12 podría llevar a los lectores a pensar que los Apóstoles, Profetas, Evangelistas, Pastores y Maestros funcionan fuera del Santuario de Cristo. A pesar de ello, EL SEÑOR los entrega a Su Iglesia para el desarrollo del Cuerpo como un todo universal (v. 12). El verso 16 indica que ellos también forman la casa de adoración de adentro hacia afuera. Ellos también son parte de la Casa de Adoración, como miembros que ministran, para que toda la congregación reciba edificación holísticamente.

De la misma manera que el Autor de la Salvación Eterna santificó a Pablo para evangelizar, El ha posicionado a cada alma justa para hacer lo mismo. Este método de santificación posicional es la Doctrina de las Buenas Noticias a los Gentiles y a todos en las partes más remotas de la tierra. En Lucas Capítulo 4: 18 Jesús dijo: *El Espíritu del Señor está sobre mí, porque me ha ungido para anunciar el evangelio a los pobres*. La palabra ungir en griego es Chrio y significa consagrar o santificar. Por eso, El Redentor esta llamando a Su pueblo a salir de las tinieblas y los esta colocando para compartir Sus Enseñanzas. Hebreos 13: 16. La Profesión es ese lugar innato permanente en Dios donde Satanás día y noche trata de sacar a los Cristianos de la justicia.

Las Epístolas de Pablo a las problemáticas Iglesias de Corinto nos muestran que los justos no pueden sumirse en el fango y esperar la liberación de las malas conductas. Así, el Apóstol es el propósito para la Iglesia universal de Jesucristo es obvio: la santificación no habitan con los reincidentes. 1 Corintios Capítulos 1 --

Él reprende a una pequeña facción que fue relegando el pecado y la gracia es tolerable. EL SEÑOR colocó a Su gente para la justicia y no para el pecado. Sus Cartas traen unidad de la división. 1 Corintios 1: 10 hasta 4: 21.

Os ruego, hermanos, por el nombre de nuestro Señor Jesucristo, que todos os pongáis de acuerdo, y que no haya divisiones entre vosotros, sino que estéis enteramente unidos en un mismo sentir y en un mismo parecer.[25]

1 Corintios 1:10

Aunque la Iglesia de Corinto tuvo problemas, el Apóstol Pablo se refiere a ellos como almas santificadas. La posición de ellos en Jehová no había cambiado aunque su comportamiento necesitaba corrección.

Entonces, la purificación posicional es santidad que extrapola santidad a través del Cuerpo y Sangre Derramada de Alfa y Omega.

Entonces, la santificación y consagración son clasificación distintiva a través de la gracia salvadora de Jesucristo la cual relega los hechos acerca de la creencia de los seguidores en EL SEÑOR. En consecuencia, todo creyente es santificado y recto ante El Rey de reyes. La vida humana o irreprochable no tiene relación con la santidad, pero los principios morales deberían inspirarlo a vivir de forma consagrada. La postura cristiana es el mayor incentivo para ser Santo.

La Doctrina de las Epístolas observa un orden moralista. Las Veintiún Cartas ejemplifican el majestuoso poder salvador de Jehová. Luego, concluye con un llamado a una vida que corresponda con la unidad en Cristo: (Romanos 12: 1, Efesios 4: 1, y Corintios 3: 1). Así pues:

- Él acepta y posiciona a cada santo en Él.
- Él es quien posiciona a los creyentes para la justicia.
- El redime a pecadores y cristianos del pecado y los posiciona para la eternidad.
- El posiciona y santifica a Sus seguidores para que hagan buenas obras.
- El se santifico a Si mismo para Sus seguidores.

Entonces, la santificación posicional hace a los creyentes tan perfectos como EL Autor de las Escrituras y sin falta. Su postura en EL SEÑOR los aparta con Él.

Una posición justa con Dios Todopoderoso justificará a los santos más débiles y a los más fuertes por igual. Hechos 20: 32, 1 Corintios 6: 11, Hebreos 10: 10-14, y Judas Capítulo Uno. Jehová nunca les da a sus seguidores licencia para pecar. Sin embargo, la desigualdad de su naturaleza pecaminosa no neutraliza su posición moral ante Él. Estudiemos 1 Corintios Capítulos 5

- 6: 8. La Sangre de Jesucristo cubre cada alma que cree en Él. Hebreos 10: 10, Efesios 4: 24. SI, alguien esta sirviendo a un dios que no lo puede guardar prueba a JESUS. Juan 3: 16.

El poder pentecostal, si lo resumimos todo, no es más que más amor de Dios. Si no trae más amor, es simplemente una falsificación.[26]
William J. Seymour

Capítulo 3

Santificación Práctica

Santifícalos en la verdad; tu palabra es verdad.[27]

Juan 17:17

La santificación es aquel paradigma empírico que predica la conservación irreprochable. Entonces, Dios utiliza a los puros de corazón para acercarse a los pecadores, pero todo aquello que se reserva para Su causa lo complace. Por ejemplo, los Siete Muebles del Tabernáculo fueron reservados para un propósito santo. Estudiemos los Capítulos 25 al 40 del Éxodo. Hasta la tierra puede ser Santa: Éxodo 3: 5. Jesús fiel en justicia satisface a Su Padre. Él fue fiel a la santidad porque Él derramó Su Preciosa Sangre por el perdón y la justicia de la humanidad. Romanos 5: 1, Mateo 6: 14-15.

La Santificación es un compromiso y una progresión continua en coro. En consecuencia, todo creyente es Santo a través de la obra de sacrificio de Jesucristo. Sin embargo, el pecador no desempeña ninguna participación activa en la redención hasta que él o ella oye, cree, y confía en El Autor de Las Escrituras. Su liberación es entonces un acto inductivo de una sola vez por el cual se convierten en vasos de honor, prácticos para la mentalidad del Reino y la vida del Reino.

Por tanto, si alguno se limpia de estas cosas, será un vaso para honra, santificado, útil para el Señor, preparado para toda buena obra.[28]

2 Timoteo 2:21

Así, la santificación práctica es fundamental para la vida cotidiana de los creyentes, ya que las prácticas justas son inviolabilidad inherente que viene por las Sagradas Escrituras. Por ejemplo, EL SEÑOR dijo, *Santifícalos en la verdad; tu palabra es verdad.* Juan 17: 17. The Scriptures provides all the help and guidance that saints need. ¿Cómo puede el joven guardar puro su camino? Salmo 119: 9-16. Su pregunta es retórica: Por la atención al Evangelio de Jesucristo. La infalibilidad del SEÑOR purifica y hace libre simultáneamente. Los creyentes se solidifican en la piedad, de ahí que el pecado no sea un problema.

El Todopoderoso ha destinado a los feligreses a ser instrumentos de compasión. El dice inequívocamente: *No eres tú mismo.* Estudiemos 1 Corintios 6: 20. La santificación práctica es un diario arrepentimiento en justicia. Así que los santos deben practicar hablar la Palabra en sus vidas y en las de los demás. En enero de 2010, un médico le diagnosticó cáncer de próstata al apóstol Bingham. Tras recibir la noticia, se negó, pero después de varias opiniones y el mismo resultado, decidió someterse a radioterapia. Sus homilías holísticas' eran sobre el poder restaurador de Jesucristo y vio muchas curaciones. Sin embargo, dejó que el *espíritu del miedo* (2 Timoteo 1: 7) se apodera de él cuando los médicos le describen los efectos secundarios de las partículas radiactivas.

Sin embargo, según la carta del apóstol Pablo al joven pastor Timoteo, él pronunció la Palabra de Dios sobre su cuerpo. Lo alienta a vivir por fe y no por inquietud. *Mantengamos firme la profesión de nuestra esperanza sin vacilar, porque fiel es el que prometió.*[29] Hebreos 10:23.

Luego de que el Apóstol Bingham habló con EL SEÑOR, vino el enemigo y se lo arrebató. Asi que el Espiritu Santo lo inspiró despues de hablar practica sosteniendo firme las promesas por consiguiente ellos en tandem capitula una mente sana. A medida que continuaba practicando y hablando, ignoraba las circunstancias adversas y notaba como los ángeles ministradores se movían a la orden.

Y me dijo el Señor: Bien has visto, porque yo velo sobre mi palabra para cumplirla.[30]

Jeremías 1: 12

La confianza en los preceptos de Dios impide a los creyentes pecar contra Él.

En mi corazón he atesorado tu palabra, para no pecar contra ti.[31]

Salmo 119: 11

La Sagrada Escritura en corazón es santificación práctica que pone en práctica la compasión correcta. Estudiemos Romanos 1:16 hasta el capítulo 5. La Carta de Pablo a los Romanos nos muestra como un pecador recibe la santidad de Cristo y es justificado ante Jehová. Como resultado, el o ella tienen liberacion para siempre de la pena de las transgresiones. La doctrina de la Justificacion trae pensamientos cognitivos a la mente para que los humanos puedan saber el valor de la salvacion. El significado justificado en toda practica es distinto o mantenido para la irreprensibilidad.

Para los seguidores de Jesucristo, la inculpabilidad implica que El Rey de reyes, perdona sus pecados, y les atribuye la Santidad de Su Hijo. Observe que su purificación viene a través de la fe práctica en El Único Autor de la Salvación Eterna. Romanos 5: 1, Gálatas 3: 24. Nadie puede ganar Su liberación del pecado a través de las obras. Efesios 2: 8, Tito 3: 5. La justicia que El Alfa y Omega da se apoya en Principios fieles desde Génesis hasta Apocalipsis. Por eso, cuando los pecadores lo aceptan como Señor, ellos son justificados por fe; sin embargo, ellos deben practicar la convicción justa cada día.

La Santificación Práctica es la puesta en práctica día a día para los creyentes. Esto incluye el compañerismo, la reconciliación y la formulación de relaciones con otros cristianos.

Y se dedicaban continuamente a las enseñanzas de los apóstoles, a la comunión, al partimiento del pan y a la oración.[32]

Hechos 2: 42

Sed más bien amables unos con otros, misericordiosos, perdonándoos unos a otros, así como también Dios os perdonó en Cristo.[33]

Efesios 4: 32

Por consiguiente, hermanos, os ruego por las misericordias de Dios que presentéis vuestros cuerpos *como* sacrificio vivo y santo, aceptable[a] a Dios, que es vuestro culto racional. 2 Y no os adaptéis[b] a este mundo[c], sino transformaos mediante la renovación de vuestra mente, para que verifiquéis cuál es la voluntad de Dios: lo que es bueno, aceptable[d] y perfecto.[34]

Romanos 12: 1-2

La postura de Jehová hacia los que no tienen salvación es clara. Los justos deben ejemplificar una moralidad sincera hacia los líderes del gobierno y hacia todas las personas. Romanos 13: 1. La separación

con EL CREADOR es la desunión de la contaminación. En consecuencia, su santificación práctica comienza en el momento de la conversión.

a la iglesia de Dios que está en Corinto, a los que han sido santificados en Cristo Jesús, llamados *a ser* santos, con todos los que en cualquier parte invocan el nombre de nuestro Señor Jesucristo, Señor de ellos y nuestro.[35]

1 Corintios 1:2

Entonces, la consagración práctica es el resultado de la entrega total al Príncipe de la Paz. Romanos 12: 1. Una vez más, al hacerlo, los seguidores se clasifican a sí mismos como apartados para la edificación del reino. La justa perseverancia no permite que haya lugar para la injusticia. Romanos 6: 22. La Biblia considera los pecados de cada cristiano, aunque la gracia no da a nadie permiso para obrar mal. Sin embargo, hace posible el perdón para los santos que cometen errores. La expiación es la liberación de las transgresiones. *En mi corazón he atesorado tu palabra, para no pecar contra ti.*[36] Salmo 119: 11.

La humanidad seguirá pecando mientras habite en estos cuerpos. La disposición al pecado no recibió la salvación al mismo tiempo que el espíritu innato. Romanos 7: 21, 1 Juan 1: 8. Las Escrituras no prometen nunca la erradicación de la naturaleza pecaminosa, pero cuando el creyente se somete a su justo temperamento, puede disfrutar de muchos momentos de victorias. Gálatas 5: 16-23. Todos los seguidores han muerto a los actos de inmoralidad debido a la muerte de Cristo. Así que, los seguidores deben de morir a la iniquidad. El reencuadre cognitivo de la inmoralidad es responsabilidad de cada creyente, Romanos 6: 1-14.

La santificación práctica contribuye a la sabiduría, el conocimiento, la comprensión y la gracia. Absolver la consagración conlleva a la más alta santidad. Por eso, los cristianos pueden vivir de manera irreprochable, pero no sin falta. Por ejemplo, un niño que lucha por escribir sus primeras letras en cursiva es irreprochable, pero su escritura no es intachable. Todavía deben practicar para prefeccionar un estilo legible. Los santos cometerán errores en estos cuerpos imperfectos. *Porque ahora vemos por un espejo, veladamente[a], pero entonces veremos cara a cara; ahora conozco en parte, pero entonces conoceré plenamente, como he sido conocido.*[37] 1 Corintios 13: 12.

Todos los creyentes viven en la luz y la experiencia que puede ser su mañana. Por esta razón, la justicia debe ser su aplicación práctica cada día. *...Pues los que son de Cristo Jesús han crucificado la carne con sus pasiones y deseos.*[38] Así que hay perfección dentro de la imperfección.

Capítulo 4

Santificación Prospectiva

Y que el mismo Dios de paz os santifique por completo; y que todo vuestro ser, espíritu, alma y cuerpo, sea preservado irreprensible para la venida de nuestro Señor Jesucristo.[39]

1 Tesalonicenses 5:23

La razón del Apóstol Pablo al dirigirse a la Iglesia en Tesalónica; el Gnosticismo se había infiltrado en sus Centros de Adoración. La palabra griega es gnosis es CONOCIMIENTO. Ellos depreciaban el valor del mundo material y exaltaban el alma o la mente. Ellos creen que el alma al morir se separa ya que el cuerpo es temporal. Sin embargo, su doctrina más falaz consiste en que el conocimiento espiritual está al alcance de los que tienen un intelecto superior. Por lo tanto, desprecian la fe y creen que la salvacion viene solo por el conocimiento. Pablo quería que entendieran que el cuerpo es el templo prospectivo del Espíritu Santo. 1 Corintios 6: 19.

La Santificación Prospectiva Es
Glorificación Del Cristianismo

La determinación definitiva de Dios recuerda a los creyentes lo que son:... *Amados, ahora somos hijos de Dios y aún no se ha manifestado lo que habremos de ser. Pero sabemos que cuando*

Él se manifieste, seremos semejantes a Él porque le veremos como Él es.[40] 1 Juan 3: 2. La Carta del Apóstol Pablo a los Romanos indica que los seguidores de Cristo deben... SER conformes a la semejanza del Hijo de Jehová. Romanos 8: 29. De este modo, el Autor de la Salvación Eterna ocupará el primer lugar en sus vidas.

Pablo comprendió la santificación prospectiva como la cumbre logística del plan eterno de redención de Dios. Romanos 4: 17. El Apóstol también notó, *El hecho fundamental de la existencia es que esta confianza en Dios, esta fe, es la base firme bajo la que se asienta todo lo que hace que la vida merezca la pena. Es nuestro apoyo en lo que no podemos ver.*[41] *Hebreos 11:1*. Entonces, la perspectiva de la santificación del hombre ya se encuentra en el pasado para la humanidad ya que el pasado y el futuro es parte del inmutable decreto del SEÑOR. Es decir, Él es Omnisciente y ve el pasado y el futuro al mismo tiempo. La santificación en perspectiva es la razón por la que Pablo escribe. Y sabemos que para los que aman a Dios, todas las cosas cooperan para bien[a], esto es, para los que son llamados conforme a *su* propósito.[42] Romanos 8:28. Se entendía a sí mismo y a todos los creyentes como objetos constantes de la voluntad de Dios.

Por lo tanto, la santificación prospectiva cuenta la perfección final del cristiano que implosiona en la Gloria con El Ser Absoluto. Por Su gracia y poder transformador, Él cambia holísticamente a los justos para que sean como Él. Él los presentará sin mancha:

Y que el mismo Dios de paz os santifique por completo; y que todo vuestro ser, espíritu, alma y cuerpo, sea preservado irreprensible para la venida de nuestro Señor Jesucristo.[43]

1 Tesalonicenses 5:23 (LBLA)

Y a aquel que es poderoso para guardaros sin caída y para presentaros sin mancha en presencia de su gloria con gran alegría, al único Dios nuestro Salvador, por medio de Jesucristo nuestro Señor, sea gloria, majestad, dominio y autoridad, antes de todo tiempo, y ahora y por todos los siglos. Amén.[44]

Judas 24-25

Y a aquel que es poderoso para hacer todo mucho más abundantemente de lo que pedimos o entendemos, según el poder que obra en nosotros...[45] Efesios 3: 20. Él va a guardar a su pueblo no por su justicia, sino por Cristo que vive en él. Proverbios 24: 16 dice, porque el justo cae siete veces; y vuelve a levantarse, pero los impíos caerán en la desgracia.[46] Proverbios 24:16 Él va a entregar a los justos sin culpa ante su Padre.

Cuando estaba con ellos, los guardaba en tu nombre, el nombre que[a] me diste; y los guardé y ninguno se perdió, excepto el hijo de perdición, para que la Escritura se cumpliera[47].

Juan 17:12 (LBLA)

La humildad es precisamente el principio de la santificación; y así como sin ella, sin santidad, ningún hombre verá a Dios, aunque se pase noches enteras leyendo la Biblia; así también, sin humildad, ningún hombre oirá a Dios hablar a su alma, aunque escuche tres sermones de dos horas cada día.[48]
John Donne

Referecias

1. http://www.christianquotes.info/quotes-by-topic/quotes-about-sanctification/
2. *La Biblia: Versión La Biblia de las Américas*. ed. electrónica de la Versión Autorizada de 1611. Bellingham WA : Logos Sistemas de Investigación, Inc., 1995
3. *La Biblia: Versión La Biblia de las Américas*. ed. electrónica de la Versión Autorizada de 1611. Bellingham WA : Logos Sistemas de Investigación, Inc., 1995
4. *La Biblia: Versión La Biblia de las Américas*. ed. electrónica de la Versión Autorizada de 1611. Bellingham WA : Logos Sistemas de Investigación, Inc., 1995
5. *La Biblia: Versión La Biblia de las Américas*. ed. electrónica de la Versión Autorizada de 1611. Bellingham WA : Logos Sistemas de Investigación, Inc., 1995
6. *La Biblia: Versión La Biblia de las Américas*. ed. electrónica de la Versión Autorizada de 1611. Bellingham WA : Logos Sistemas de Investigación, Inc., 1995
7. *La Biblia: Versión La Biblia de las Américas*. ed. electrónica de la Versión Autorizada de 1611. Bellingham WA : Logos Sistemas de Investigación, Inc., 1995
8. *La Biblia: Versión La Biblia de las Américas*. ed. electrónica de la Versión Autorizada de 1611. Bellingham WA : Logos Sistemas de Investigación, Inc., 1995
9. *La Biblia: Versión La Biblia de las Américas*. ed. electrónica de la Versión Autorizada de 1611. Bellingham WA : Logos Sistemas de Investigación, Inc., 1995
10. *La Biblia: Versión La Biblia de las Américas*. ed. electrónica de la Versión Autorizada de 1611. Bellingham WA : Logos Sistemas de Investigación, Inc., 1995
11. *La Biblia: Versión La Biblia de las Américas*. ed. electrónica de la Versión Autorizada de 1611. Bellingham WA : Logos Sistemas de Investigación, Inc., 1995
12. *La Biblia: Versión La Biblia de las Américas*. ed. electrónica de la Versión Autorizada de 1611. Bellingham WA : Logos Sistemas de Investigación, Inc., 1995
13. *La Biblia: Versión La Biblia de las Américas*. ed. electrónica de la Versión Autorizada de 1611. Bellingham WA : Logos Sistemas de Investigación, Inc., 1995
14. http://www.goodreads.com/quotes/tag/sanctification
15. *La Biblia: Versión La Biblia de las Américas*. ed. electrónica de la Versión Autorizada de 1611. Bellingham WA : Logos Sistemas de Investigación, Inc., 1995
16. *La Biblia: Versión La Biblia de las Américas*. ed. electrónica de la Versión Autorizada de 1611. Bellingham WA : Logos Sistemas de Investigación, Inc., 1995
17. *La Biblia: Versión La Biblia de las Américas*. ed. electrónica de la Versión Autorizada de 1611. Bellingham WA : Logos Sistemas de Investigación, Inc., 1995
18. *La Biblia: Versión La Biblia de las Américas*. ed. electrónica de la Versión Autorizada de 1611. Bellingham WA : Logos Sistemas de Investigación, Inc., 1995
19. *La Biblia: Versión La Biblia de las Américas*. ed. electrónica de la Versión Autorizada de 1611. Bellingham WA : Logos Sistemas de Investigación, Inc., 1995
20. http://www.goodreads.com/quotes/tag/sanctification
21. *La Biblia: Versión La Biblia de las Américas*. ed. electrónica de la Versión Autorizada de 1611. Bellingham WA : Logos Sistemas de Investigación, Inc., 1995
22. *La Biblia: Versión La Biblia de las Américas*. ed. electrónica de la Versión Autorizada de 1611. Bellingham WA : Logos Sistemas de Investigación, Inc., 1995
23. *La Biblia: Versión La Biblia de las Américas*. ed. electrónica de la Versión Autorizada de 1611. Bellingham WA : Logos Sistemas de Investigación, Inc., 1995
24. *La Biblia: Versión La Biblia de las Américas*. ed. electrónica de la Versión Autorizada de 1611. Bellingham WA : Logos Sistemas de Investigación, Inc., 1995
25. *La Biblia: Versión La Biblia de las Américas*. ed. electrónica de la Versión Autorizada de 1611. Bellingham WA : Logos Sistemas de Investigación, Inc., 1995
26. https://www.google.com/search? q=quotes+on+sanctification&biw=1024&bih=544&tbm=isch&tbo=u&source=univ&sa=X&sqi=2&ved=0ahUKEwjHmrKXkO

[21] *La Biblia: Versión La Biblia de las Américas. ed. electrónica de la Versión Autorizada de 1611. Bellingham WA : Logos Sistemas de Investigación, Inc., 1995*
[22] *La Biblia: Versión La Biblia de las Américas. ed. electrónica de la Versión Autorizada de 1611. Bellingham WA : Logos Sistemas de Investigación, Inc., 1995*
[23] *La Biblia: Versión La Biblia de las Américas. ed. electrónica de la Versión Autorizada de 1611. Bellingham WA : Logos Sistemas de Investigación, Inc., 1995*
[24] *La Biblia: Versión La Biblia de las Américas. ed. electrónica de la Versión Autorizada de 1611. Bellingham WA : Logos Sistemas de Investigación, Inc., 1995*
[25] *La Biblia: Versión La Biblia de las Américas. ed. electrónica de la Versión Autorizada de 1611. Bellingham WA : Logos Sistemas de Investigación, Inc., 1995*
[26] *La Biblia: Versión La Biblia de las Américas. ed. electrónica de la Versión Autorizada de 1611. Bellingham WA : Logos Sistemas de Investigación, Inc., 1995*
[27] *La Biblia: Versión La Biblia de las Américas. ed. electrónica de la Versión Autorizada de 1611. Bellingham WA : Logos Sistemas de Investigación, Inc., 1995*
[28] *La Biblia: Versión La Biblia de las Américas. ed. electrónica de la Versión Autorizada de 1611. Bellingham WA : Logos Sistemas de Investigación, Inc., 1995*
[29] *La Biblia: Versión La Biblia de las Américas. ed. electrónica de la Versión Autorizada de 1611. Bellingham WA : Logos Sistemas de Investigación, Inc., 1995*
[30] *La Biblia: Versión La Biblia de las Américas. ed. electrónica de la Versión Autorizada de 1611. Bellingham WA : Logos Sistemas de Investigación, Inc., 1995*
[31] *La Biblia: Versión La Biblia de las Américas. ed. electrónica de la Versión Autorizada de 1611. Bellingham WA : Logos Sistemas de Investigación, Inc., 1995*
[32] *La Biblia: Versión La Biblia de las Américas. ed. electrónica de la Versión Autorizada de 1611. Bellingham WA : Logos Sistemas de Investigación, Inc., 1995*
[33] *La Biblia: Versión La Biblia de las Américas. ed. electrónica de la Versión Autorizada de 1611. Bellingham WA : Logos Sistemas de Investigación, Inc., 1995*
[34] *La Biblia: Versión La Biblia de las Américas. ed. electrónica de la Versión Autorizada de 1611. Bellingham WA : Logos Sistemas de Investigación, Inc., 1995*
[35] *Peterson, Eugene H.: The Message : The Bible in Contemporary Language. Colorado Springs, Colo. : NavPress, 2002*
[36] *La Biblia: Versión La Biblia de las Américas. ed. electrónica de la Versión Autorizada de 1611. Bellingham WA : Logos Sistemas de Investigación, Inc., 1995*
[37] *La Biblia: Versión La Biblia de las Américas. ed. electrónica de la Versión Autorizada de 1611. Bellingham WA : Logos Sistemas de Investigación, Inc., 1995*
[38] *La Biblia: Versión La Biblia de las Américas. ed. electrónica de la Versión Autorizada de 1611. Bellingham WA : Logos Sistemas de Investigación, Inc., 1995*
[39] *La Biblia: Versión La Biblia de las Américas. ed. electrónica de la Versión Autorizada de 1611. Bellingham WA : Logos Sistemas de Investigación, Inc., 1995*
[40] *La Biblia: Versión La Biblia de las Américas. ed. electrónica de la Versión Autorizada de 1611. Bellingham WA : Logos Sistemas de Investigación, Inc., 1995*
[41] *La Biblia: Versión La Biblia de las Américas. ed. electrónica de la Versión Autorizada de 1611. Bellingham WA : Logos Sistemas de Investigación, Inc., 1995*
[42] ...*https://www.google.com/search?q=quotes+on+sanctification&biw=1024&bih=544&tbm=isch&tbo=u&source=univ&sa=X&sqi=2&ved=0ahUKEwjHmrKXkO*

Acerca del Autor

El Apóstol William H. Bingham nació en 1950 pero obtuvo su segunda transformación de alma en 1977. Él y la pastora Ella Bingham han celebrado treinta y dos años de matrimonio en 2015. Son los padres de ocho hijos y una gran cantidad de nietos.

Ha recorrido el pais ministrando las Sagradas Escrituras a muchas naciones. EL SEÑOR le dio la visión: Mentalidad del Reino para una Vida en el Reino para elevar a Su pueblo a una vocación superior. Luego educarlos sobre cómo deben testificar con energía por el Reino de Dios. Él sabía que era necesario un mayor entrenamiento Bíblico en su vida, así que se inscribió en la Universidad Grace en Omaha, Nebraska en 1981. El Apóstol Bingham estudió con Grace, tres años y medio hasta aceptar la posición de Pastor Principal, en los Ministerios Cristianos de Vida Perpetua St.

Por lo tanto, ingresó en el Glad Tidings Bible College, donde terminó sus estudios de pregrado y postgrado en 1992. En 2002, fue nombrado Obispo, por el Arzobispo Joe Cephus Bingham bajo la Diócesis de Perpetual Tidings. En 2012, su vocación alcanzó otro pináculo: El Apóstol H L Skip Horton lo ordenó al oficio de Apóstol.

www.ingramcontent.com/pod-product-compliance
Lightning Source LLC
LaVergne TN
LVHW041552060526
838200LV00037B/1253